Dieses Büchlein beinhaltet eine kleine Auswahl von Gedichten über die Liebe, das Leben und andere Gedankenwelten, die ich im Laufe von Jahren niedergeschrieben habe – untermalt mit Bildern von verschiedenen Haltungen von Händen, die oft mehr ausdrücken können als die Worte selbst …

Thomas Ulsperger

Hand in Hand mit einem Narren

Gedichte über die Liebe, das Leben und andere Gedankenwelten

Band 3

Herstellung und Verlag BoD -
Books on Demand, Norderstedt

ISBN: 9783751955904

Die Gedichte

*E*in weiteres Büchlein mit Gedichten über die Liebe, das Leben und andere Gedankenwelten. Gerade in diesen Zeiten einer Pandemie, die wie ich wohl auch die meisten Menschen noch nie erlebt haben, gibt es viele Ereignisse und Erlebnisse, die mich dazu anregen, sie in Gedichtform zu bringen. Dennoch sind die meisten Gedichte dieses Büchleins aus „meiner Wörterkiste" und ein paar teilweise über Jahrzehnte gereift.

Wenn ich so „die alten Gedichte" in „meiner Wörterkiste" entdecke, stelle ich fest – manche sind zeitlos, könnten auch erst gestern oder heute entstanden sein, wieder andere sind nur noch in Form von Buchstaben erhalten und ich kann mich gar nicht mehr daran erinnern, sie jemals geschrieben zu haben. Und dennoch sind sie alle in mir erwachsen und sind Teile von mir und der mich umgebenden Welt, die ich durchreisen darf.

Und es ist schön, wenn ich, liebe Leserin/lieber Leser, zumindest auf einen kleinen Teil meiner Reise andere Menschen mitnehmen darf wie Dich und Euch ...

Hoffnung

Wenn ich so die herbstlichen Bäume ansehe,
werd' ich ein wenig ängstlich und wehe.
Werden sie den kalten und harten Winter
überstehen,
werd' ich im Frühjahr wieder ihre zarten
Knospen austreiben sehen.

Auch hoffe ich, sie bleiben gesund.
Klimawandel und Waldsterben ist in vieler Mund.
Man kann das alles nicht mehr verneinen.
Wenn auch so manche Umweltresistente das
meinen.

Waren die wohl schon lange nicht mehr im
grünen Wald?
Herrlich frisch schmeckt da die Luft, nicht
stickig und alt.
Vernebelt sind deren Gehirne von Macht und
Geld.
Alles unter dem Deckmantel einer besseren
Welt.

Ich hab' noch nie von einem Lebewesen gehört,
das gleich der Menschheit seinen eigenen
Lebensraum derartig zerstört.
Sich einzufügen im natürlichen Gleichgewicht,
stünde der Menschheit sicher besser zu
Gesicht.

Doch immer weiter wird die Natur vernichtet.
Immer noch wird dem Umweltschutz Narrentum
angedichtet.
Flüsse werden vergiftet und Wälder
verschwinden.
Viele Tierarten kann man nirgends mehr auf der
Welt finden.

Wohl bin ich auch ein Teil dieser Gesellschaft
und trage dazu bei.
Doch, wie immer mehr, ist mir das nicht einerlei.
Drum hab' ich viele Birken ausgesät -
dazu ist es nie zu spät.

Ich gebe ihnen bei mir ein Zuhause.
Die Luftverschmutzung macht keine Pause.
Und so vertraue ich auf die Kraft von Bäumen.
Was kann's Schöneres geben, als für die Natur
von einer besseren Zukunft zu träumen …

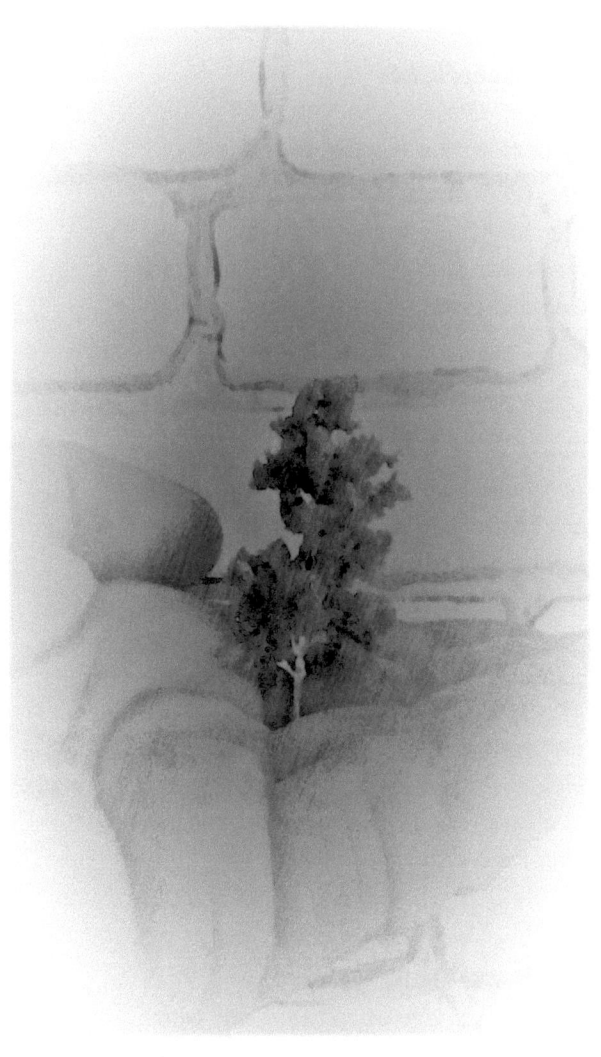

Maskenpflicht

Jetzt ist sie da - die Maskenpflicht;
der Weg zum einheitlichen Gesicht.
Man sieht nur noch die Augen,
man muss sich jegliches Gefühl seines
Gegenüber darin aufsaugen.

Kein Lachen sieht man mehr auf des anderen
Mund.
Ich weiß nicht - ist das gesund?
Ein Lächeln kann vieles ändern.
Doch jetzt stehen alle Ohren ab von den
Gummibändern.

Masken wurden schon mal verwendet - zu Zeiten
der Pest.
Heute sind sie nicht mal mehr stummer Protest.
Weil sie jeder tragen muss.
Und wo bleibt der Genuss?

Der Genuss der Freiheit
- der Weg dazu war steinig und weit.
Jetzt muss die Maske jeder freie Mensch
tragen -
in diesen, hoffentlich nicht ewigen,
gesichtslosen Tagen.

Dass sich der Mensch schon seit langem
maskiert,
hat bisher die wenigsten geniert.
Zeigt sich jetzt sein wahres Gesicht?
Ohne einheitliche Funktion und deren Form
funktioniert er nicht?

Auch wenn die Masken in Farbe und Form
variieren -
ein jeder Einzelne wird irgendwann sein Leben
verlieren.
Doch ein Leben zu verlieren, das einem selber
nicht mehr gehört?
Ich wünschte, dass das nicht nur mich irritiert
und stört …

Weltfrieden?

Lässt man bisweilen seinen Blick über diese
Welt schweifen,
sieht man Vieles, das Wenigste wird man wohl je
begreifen.
Narzissten und Umweltresistente führen so
manches Land -
ohne Empathie und ohne Verstand.

Doch noch fragwürdiger ist, dass Menschen
diese in ihre Ämter heben.
Scheinbar taub, blind und ohne eigenes Denken
und Leben,
lassen sie sich zum Werkzeug des Irrsinns
umfunktionieren -
ohne sich dabei vor ihren Kindern zu genieren.

Dabei gehört doch den Kindern die Zukunft -
aufgebaut aus Lebenswertigkeit und einer Prise
Vernunft.
Doch wie kann's in einer kaputten Umwelt und in
Kriegen
eine Zukunft geben?Muss man den immer über
irgendwas stehen, irgendetwas besiegen?

Und warum muss man denn stets irgendwas und
irgendwen hassen?
Warum kann man denn nicht das Leben und die
Liebe fließen lassen?
Draußen singt der Sommerwind mit den
Birkenblättern ein Lied -
und ich spür' nur Dankbarkeit und Liebe bis in
meines Körpers kleinstem Glied ...

Der Herbst zieht ins Land

Blatt um Blatt entledigen sich die Bäume ihrem Kleid.
Der Herbst zieht ins Land – es ist mal wieder soweit.
Wild tanzen im Wind die bunten Blätter
und viele schimpfen: „So ein Scheiß – Wetter."

Das Einzige, das schlecht ist, sind sie.
Können die nicht einfach mal glücklich und dankbar sein – ich glaube nie.
Egal, ich lass' mir nicht die Freude nehmen,
ich werd' mich niemals meiner Liebe zu allem Lebendigen schämen.

Wie gut es tut, die sanften Regentropfen auf meiner Haut zu spüren
und wenn Bäume versuchen, mich mit ihren Ästen zu berühren.
In jedem Moment wohnt ein Zauber inne.
Jeden möchte ich aufsaugen – mit jedem meiner Sinne.

Weiter wandere ich durch dieses Meer der
Empfindungen,
nehme alles auf in meinem Herzen und meines
Gehirnes Windungen.
Ich lass' die Natur Natur sein
und gehe weiter in den lebendigen Wald hinein ...

Der weite Weg

Heiterkeit,
Freizügigkeit,
Einigkeit,
Glückseligkeit?

Einheit,
Gleichheit,
Zufriedenheit,
Freiheit?

Kleinigkeit,
Wichtigkeit,
Wertigkeit,
Feindseligkeit?

Unzufriedenheit,
Feigheit,
Krankheit,
Dummheit?

Einfachheit?
Zu manchem ist der Weg noch weit ...

Das weiße Nichts

Von der ruhelosen Nacht noch ganz trunken,
in einem Traum sanft versunken,
geh' ich morgens durch den frisch gefallenen
Schnee.

Ganz still ist alles und liegt im Dunkeln,
sogar ein paar Sterne seh' ich noch funkeln -
und ich hör' meine Schritte auf diesem weißen
See.

An von der Last niedergedrückten Büschen,
geh' ich vorbei mit meinen Wünschen -
ich hör' tief in mich hinein.

Einige der Zweige erlagen bereits der Last,
and're ertrugen's und werden schon bald zum
Ast -
wohl dem, der scheint, bereits kräftig genug zu
sein.

Plötzlich steht da ein schwer beladener
Eichenbaum,
es wird hell - vorbei ist der Traum.
Und ich schreib' ein paar Worte in das weiße
Nichts …

Growing older

Manchmal spürt man seine Kräfte schwinden.
Auch die der Augen – doch ist man weit
entfernt vom Erblinden.
Die unbeschwerten Tage der Jugend sind
verflogen – es scheint, es gibt sie nicht mehr.
Die Momente der Ungeduld und des „Drauf los"
sind lange her.

Man hat vieles mitgenommen aus diesen Jahren.
Egal, ob es gute oder schlechte Erfahrungen
waren.
Jetzt geht der Herbst langsam über in den
langen Winter.
Und doch wartet das helle Frühjahr dahinter.

Ach, wäre man doch ein Bär und gönnte sich eine
Winterruhe.
Man läge sich, wenn's kalt und düster wird, in
eine beheizte Truhe.
Doch dieses Glück ist dem Menschen nicht
beschert -
von schweren Kleidern und Gedanken ist er in
diesen Zeiten beschwert.

Diese kalten und düsteren Zeiten werden
jedoch wieder verschwinden.
Und man wird die Wärme und das Glück
wiederfinden.
Auch die Leichtigkeit der Jugend, sie kehrt
wieder -
und man tanzt über grüne Wiesen und singt
Lieder ...

Das Morgen

Seit Jahren zieh' ich jetzt schon durch diese
Welt.
Scherte mich wenig um Haus und Geld.
Doch irgendwann bricht jedes Hirn
und auch das Herz benötigt Zwirn.
Und trotzdem gibt's ein Morgen –
man muss es sich nur irgendwie, irgendwo und
irgendwann besorgen ...

*E*rwachen

*L*ichter rasen hin und her,
das Wachsein fällt einem noch schwer.
Langsam kommt Leben in die dunklen Straßen.
Und irgendwo verblühen g'rad' Blumen,
deplaziert, in Vasen.

Gar mancher versucht in seinem Erwachen,
- ohne das geringste Lächeln oder Lachen -
seinen ganzen Tag zu planen,
ihn zu lenken in feste Bahnen.

„Was mach' ich wann?
Und wie ich heut' weiterkommen kann.
Und wie kann ich meine Vorstellungen und Ziele
heute durchdrücken?"
Das sind die das Leben tragende Krücken.

Kein Blick nach links und auch nicht nach der
rechten Seite -
Egoismus in seiner vollen Breite.
Kein Empfinden dafür, was man anderen antut.
Und läuft etwas nicht wie geplant, gerät man
schnell in Wut.

Da kommen einem Zweifel am
Pazifismusgedanken -
bei diesen Energiefressern und geistig Kranken.
Bisweilen scheinen jegliche Versuche, sie zu
erwecken aus ihrem Wahn, nichts zu nützen -
im Bestreben, andere und sich selbst zu
schützen.

Ich weiß, ich geh' da mit so manchem ins
Gericht.
Doch eins ist sicher: die Hoffnung, sie stirbt
nicht.
Die Hoffnung, dass sie morgens mal aufwachen
und das Leben so annehmen, wie's kommt – und
lachen ...

Sorry

Sorry, ich schau' selten zurück.
Sorry, ich such' nicht in der Vergangenheit
mein Glück.
Sorry, dass ich nicht viel an das Früher denke.
Sorry, dass ich mein Leben eher nach vorne
lenke.

Sorry, dass ich so bin, wie ich bin.
Sorry, ich frage selten nach einem höheren
Sinn.
Sorry, dass ich bisweilen unsensibel wirke.
Sorry, zu meinen Freunden zähle ich auch
Wacholderdrossel und Birke.

Sorry, dass ich manchmal schweige.
Sorry, dass mich oft mehr interessiert, als was
jemand sagt, das Lied einer Geige.
Sorry, mir fehlen oft die richtigen Worte.
Sorry, ich lass' mich nicht verführen von jeder
Torte.

Sorry, nun genug entschuldigt.
Ich bin nicht jemand, der der Selbstaufgabe
huldigt.
Kein Mensch macht alles richtig -
und dennoch - das Wort „Sorry" ist mir wichtig
...

Der winzigkleine Moment

Was ist Beziehungslosigkeit?
Vielleicht der Weg zur Ewigkeit?
Wenn's so wär', sollte man ihn meiden.
Wer ihn geht, kann sich wohl selbst nicht leiden.

Man braucht ja nur die Menschen ansehen
und merkt - es herrscht ein Kommen und Gehen.
Und auch beim Blick zu Sonne, Mond und
Firmament -
so sieht alles nur aus für einen winzigkleinen
Moment ...

Jeden Tag in jeder Woche in jedem Jahr

Jeden Tag geht die Sonne wieder auf.
Jeden Tag nimmt sie am Himmel ihren Lauf.
Jeden Tag gleitet sie wieder vom Tag in die
Nacht.
Jeden Tag hat sie viele Wunder vollbracht.

Jede Woche wartet man auf freie Tage.
Jede Woche gibt es Sonn(en)tage.
Jede Woche endet mit einem Freitag.
Jede Woche liegt man Probe in seinem eigenen
Sarg.

Jedes Jahr wird man älter.
Jedes Jahr werden eines Gefühle immer kälter.
Jedes Jahr feiert man zu seinem
Erdenerscheinen eine Feier.
Jedes Jahr sucht man an einem Tag versteckte
Eier.

Jeden Tag spreche ich mit Dir.
Jeden Tag, obwohl ich's weiß, bist Du nicht hier.
Jeden Tag fehlt mir etwas ohne Dich.
Jeden Tag scheint trotzdem die Sonne für mich
...

Swingby

Sieht man des Nachts zu den Sternen rauf,
scheinen alle in festen Bahnen – haben ihren
vorbestimmten Lauf.
Auch wird die Sonne wieder am nächsten
Morgen über den Himmel ziehen.
Ihre Begleiter können sich ihrer
Anziehungskraft ebenso nicht entziehen.

Doch einige himmlische Körper fügen sich nicht
ein ins feste System.
Sie wandern frei – feste Bahnen wären ihnen zu
bequem.
Sie leuchten oft nur kurz im Dunkel der Nacht.
Für sie sind feste Wege nicht gemacht.

So mancher trifft dabei auf einen Planet -
er schlägt auf ihm ein – sein Leben vergeht.
Andere haben mehr Glück.
Sie wandern weiter – wohin? - niemals zurück.

Einige Wanderer werden doch eingefangen,
kreisen als Begleiter um Planeten - ohne eigenes
Verlangen.
Willenlos ziehen sie jetzt auf festen Routen.
Man könnte dahinter den Wunsch nach
Beständigkeit vermuten.

Einzelne werden zwar auch angezogen, doch nur
ein wenig abgelenkt.
Ihnen wird weiterhin Freiheit und Zukunft
geschenkt.
Man nennt das wohl eine „Swingby-Aktion".
Eine Reise ins Ungewisse ist der Lohn.

Immer weiter der Wärme des Muttergestirns
entrückt,
fühlen die Rastlosen sich dennoch beglückt.
Der weitere Weg scheint grenzenlos und weit -
der Sternenwanderer ist dazu bereit ...

Was wäre, wenn …

Was wäre, wenn …
… es den Urknall nicht gegeben hätte?
Säße man dann auch jetzt als Mensch am
obersten Ende der Nahrungskette?
Wenn man sich nicht über alles Leben stellt,
wäre es dann womöglich eine bessere Welt?

Was wäre, wenn …
… der Mensch nicht das Geld erfunden hätte? -
keinen überflüssigen Reichtum, keine Schulden
und keine Wette?
Wenn man sich konzentrierte auf wirklich
wichtige Sachen? -
Zuhören, Einander Achten und Lachen.

Was wäre, wenn …
… die Zeit und Uhren nicht erfunden worden
wären?
Man müsste sich nicht gegen ein „Zu spät"
erwehren.
Wenn man keinen Terminstress mehr kennt? -
und auch keinen „Ehrentag" mehr verpennt.

Was wäre, wenn ...
... man alles hinter sich ließe
und das Kapitel „Vergangenheit" gänzlich
schließe?
Wenn man mutig in eine neue Welt eintritt? -
Schritt für Schritt für Schritt ...

Herzrauschen

Tanne, Lärche und Bergahorn -
man fühlt sich wie neugeboren.
Die Äste und Zweige verschlungen wie Hand in
Hand
stehen sie doch jeder für sich allein da in ihrem
weißen Gewand.

Dunkel und kalt scheint diese Welt -
unter einem grauschwarzen Zelt.
Doch das täuscht – so ist es nicht.
Man schließt die Augen und sieht in ein Gesicht.

Das Rauschen der Bäume ist wie eine Melodie.
Man lauscht und spürt in seinem Herzen endlose
Harmonie.
Es zu öffnen würde man gerne tun -
auch wenn's nicht passiert – die Liebe wird
immer und ewig darin ruh'n ...

*A*ufwind

*O*h wie herrlich ist's, dem Wind zu lauschen,
mit ihm Gedanken und Gefühle auszutauschen.
Sich mit seiner Hilfe in die Lüfte zu erheben -
möge es immer Aufwind unter den Flügeln
geben.

Einfach so andere Orte aufsuchen -
ohne ein Billigflieger-Ticket zu buchen,
nicht als All-Inclusiv-Touri ein Fremder in der
Fremde allein -
einfach nur Gast auf dieser Welt bei Freunden
sein.

Sicherlich gibt's auch mal windstille Flauten,
mit eher leisen Tönen als mit lauten.
Manchmal versengt man sich die ein oder andere
Feder -
egal, die wachsen wieder nach – Fliegen kann
schließlich nicht jeder.

Und weiß man bisweilen weder Ein noch Aus,
breitet man einfach seine Schwingen aus
und tanzt und singt im Aufwind -
gelernt hab' ich das alles schon als Kind …

Zeitloses Glück

Genieße jeden Augenblick,
schau' nicht nach vorn und nicht zurück.
Zähl' nicht die Jahre und Tage
und wirf' nicht jede Stunde auf die goldene
Waage.

Erfreu' Dich daran, dass Du älter und reifer
wirst.
Auch wenn Du Dich noch das ein oder andere
Mal irrst.
Und Du wirst merken, dass das Leben doch
eigentlich zeitlos ist -
und Du wirst erkennen, wie glücklich Du bist ...

Vielen Dank an alle,
die mir ein wenig ihrer Zeit
durch das Lesen des Büchleins geschenkt
haben ...

Für Euch

Illustration: Thomas Ulsperger

Am Ende möchte ich noch auf drei weitere
Bücher von mir hinweisen:

„Im Spiegel der Birke"

Thomas Ulsperger

Im Spiegel der Birke

Zwanzig nahezu unmenschliche
Parabeln

„Hände sagen oft mehr als tausend Worte"

Thomas Ulsperger

Hände sagen oft mehr als tausend Worte

Gedichte über die Liebe, das Leben
und andere Gedankenwelten

Band 1

„Hände lügen nicht"

Thomas Ulsperger

Hände lügen nicht

Gedichte über die Liebe, das Leben
und andere Gedankenwelten

Band 2

Erhältlich sind die Bücher unter www.bod.de,
www.thomasu.de, in vielen Buchhandlungen und
zahlreichen Online-Buchshops (auch als E-Book).